Emilia Harbers
Adenomyose

Emilia Harbers

Adenomyose

Ehrliche Gedanken und Einblicke

Impressum

Bibliografische Information der Deutschen Nationalbibliothek:
Die Deutsche Nationalbibliothek verzeichnet diese Publikation in der Deutschen Nationalbibliografie; detaillierte bibliografische Daten sind im Internet über http://dnb.dnb.de abrufbar.

Die automatisierte Analyse des Werkes, um daraus Informationen insbesondere über Muster, Trends und Korrelationen gemäß §44b UrhG („Text und Data Mining") zu gewinnen, ist untersagt.

© 2024 Emilia Harbers

Verlag: BoD · Books on Demand GmbH, In de Tarpen 42, 22848 Norderstedt

Druck: Libri Plureos GmbH, Friedensallee 273, 22763 Hamburg

ISBN: 978-3-7693-0560-9

Für all diejenigen, die ebenfalls an einer chronischen Schmerz-
krankheit leiden. Fühl dich fest umarmt.

Chronisch krank zu sein,
kann einem an manchen Tagen alles unter den Füßen wegziehen.
Du wachst morgens auf und weißt nicht,
was dich erwartet.
Manchmal hast du jedoch das Glück,
dass du mit viel Energie aufwachst und
ein „gutes Bauchgefühl" hast.
Dieses gute Bauchgefühl gibt dir ein kleines Verspechen,
dass dich auf einen schmerzfreien Tag
hoffen lässt.

Es gibt Tage, an denen du kaum aufste-
hen kannst.
Das kann unterschiedliche Gründe haben,
eins haben sie jedoch alle gemeinsam:
Sie schränken dich ein,
machen dich kaputt,
sorgen für Selbstzweifel,
Angst,
Wut,
Traurigkeit wegen abgesagter Verabre-
dungen,
und ein Gefühlschaos,
weil du nicht weißt,
was du noch alles aushalten sollst.

An manchen Tagen zerreißen mich die
Schmerzen so sehr,
dass ich nicht weiß,
wie lange ich das noch aushalten soll.

Und dann sind da diese Momente,
in denen die Schmerzen derart einneh-
mend sind,
dass man seine eigene mentale Gesund-
heit in Frage stellt.

„Bist du schwanger?" ist eine der Fragen,
die man nicht gestellt bekommen möchte.
Generell ist es eine Frage,
die man Frauen nicht stellt.
Wenn man jedoch Adenomyose hat,
die Gebärmutter mal wieder Dimensionen
annimmt,
dass keine einzige Hose passt,
möchte man nicht hören:
„Bist du schwanger?"
Das ist das Letzte, was man hören und vor
allem nicht beantworten möchte.

Ich empfinde Dankbarkeit.
Dankbarkeit für eine Diagnose,
auf welche ich seit über 15 Jahren gewartet
habe.
15 Jahre.
15 verdammt harte Jahre.
Jahre, in welchen mir meine Schmerzen
abgesprochen wurden.
Von Ärzten, von Freunden, von Familien-
angehörigen.
Von Arbeitgeberseite aus jedoch relativ sel-
ten.
Vielleicht liegt das am sozialen Bereich,
in welchem ich beruflich hauptsächlich tä-
tig bin?
Sind dort die Rücksicht und Toleranz
größer?
Am Ende freue ich mich über die Diag-
nose,
wenn auch mit dem bitteren Beige-
schmack,
dass sie offiziell als „Verdacht" gilt.

Ein Verdacht, der so lange gilt, bis ich ei-
ner Entfernung der Gebärmutter zu-
stimme
und das Labor bestätigt, dass ich die
Krankheit habe.

Während der langen Zeit,
ganze 15 Jahre,
wurde mir oft gesagt,
dass ich doch nichts hätte,
dass ich mich anstellen würde,
dass es anderen Frauen viel schlechter
gehe,
dass ich dringend einmal zum Psychiater
solle,
dass ich zu empfindlich sei.
Oh wie ich das Wort „empfindlich" hasse.
Ich hasse es so sehr.
Wie oft war ich angeblich nur zu emp-
findlich?!

Wenn man immer als empfindlich abge-
stempelt wird,
beginnt man irgendwie seine Krankheit
selbst in Frage zu stellen.
Man fragt sich:
Haben die anderen recht?
Stelle ich mich wirklich an?
Bin ich tatsächlich zu empfindlich?
Wenn man dann jedoch endlich einmal
ernst genommen wird,
fallen einem so ad hoc gar nicht alle Be-
schwerden ein,
da man sie jahrelang versteckt hat,
weil man sich ja angestellt hat,
zu sensibel,
zu empfindlich,
zu anstrengend war.
Das Einzige, was wirklich anstrengend
ist, ist die Krankheit selbst.
Aber das möchte ja niemand hören,
wo kämen wir denn dann hin,

wenn man die Frauengesundheit ernst
nehmen würde?

Das wäre ein echter Skandal.

Ich liebe weite Kuschelpullis.
Sie sind warm und weich,
haben schöne Muster,
verstecken meinen angeschwollenen Un-
terleib.
Ob ich den Herbst deshalb so innbrünstig
liebe?
Die Zeit, in der die Natur zeigt,
dass in jedem Neuanfang etwas Schönes
verborgen liegt.
Das will ich mir für mein Leben bewahren.
Es gibt immer etwas Positives, wofür ich
dankbar sein darf.
Trotz allem.
Trotz meiner Krankheit,
die mir manchmal so viel zu nehmen
scheint,
dass ich das Gefühl habe, in einem dunk-
len Loch zu sein.
Trotz allem.

Und dann sind da diese Tage,
an denen ich meinen einen alten Körper
und mein altes Leben mehr vermisse
als du dir vorstellen kannst.

Etwas, was viele gesunde Menschen nicht
verstehen, ist,
dass chronisch Erkrankte nicht warten,
bis sie keine Symptome mehr haben,
um etwas zu unternehmen.
Ehrlich gesagt wartet man darauf, dass
die Symptome aushaltbar werden,
so dass man doch etwas unternehmen
kann.
Und dennoch überanstrengt man sich in
solchen Situationen,
überschätzt seine eigene Kraft
und benötigt Zeit zum Erholen nach der
Unternehmung.
Dazu zählen die vermeintlich einfachsten,
nicht anstrengenden Dinge, wie etwa
Einkaufen gehen, in der Stadt bummeln,
ein kleiner Spaziergang mit Freunden
oder der Familie,
ein Kinoabend, ein gemeinsamer Koch-
abend mit einer lieben Person,
den Haushalt ordentlich halten,

und wenn es sehr schlecht läuft sogar ein
Urlaub.
Ehrlicherweise braucht man sonst Urlaub
vom Urlaub.

Das Schlimmste an einer chronischen
Krankheit?
Sie ist wie eine Wundertüte.
Du weißt nie, wirklich nie, was dich am
nächsten Morgen,
in einer Stunde
oder auch mal in fünf Minuten erwartet.

Manchmal merke ich kaum etwas von
Krankheit.
Oft übernehme ich mich dann.
Die Rache ist bittersüß.
Danach benötige ich eine Zeit zur Erho-
lung in meinem Bett oder dem Sofa.
Diese Momente zeigen mir,
dass man auch an guten Tagen einfach
nicht alles machen sollte.

Wenn deine Schmerzskala von 0 bis 10
geht.
Und sich deine guten Tage bei einer stabi-
len Spanne von 3-4 eingependelt haben.
Schmerzfrei bedeutet somit nicht immer
frei von Schmerzen zu sein,
sondern sich lediglich in einer halbwegs
akzeptablen Schmerzphase zu befinden.

Wenn ich aber wirklich keine Schmerzen
empfinden möchte,
müsste ich an manchen Tagen (mit einer
3-4 auf der Schmerzskala) ein Schmerz-
mittel zu mir nehmen.
Ehrlicherweise habe ich das in der Vergan-
genheit ab und zu getan.
Was soll ich sagen?!
Das sind Tage, an welchen ich gefühlt
Bäume ausreißen könnte,
Tage, die mich einen Einblick in ein wirk-
lich schmerzfreies Leben erhaschen lassen,
Tage, die ich mir für jeden Tag wünsche,
aber auch ein bis zwei Tage, die ich mir
einmal pro Quartal gönne.

Chronischer Schmerz ist nicht leicht.
Chronisch bedeutet, dass der Schmerz om-
nipräsent in deinem Leben ist.
Alle sehen, wie schlecht es dir geht.
Dennoch wird dir in Bezug auf deine
Krankheit so oft so viel abgesprochen.
Als dürfe man über dich entscheiden.
Darüber, was für dich am besten sei.
Am Ende ist es jedoch mein Körper
und es sind meine Entscheidungen,
die ich treffe,
nachdem ich mich umfassend informiert
habe.

Verdachtsdiagnose Adenomyose
Wow, denke ich mir.
Wie kann das nur ein Verdacht sein?
Müsste es nicht sicher ein „G" hinter dem
ICD 10 Code sein?
Nein, sagt man mir.
Eine Adenomyose könne nur als gesi-
cherte Diagnose nach einer Gebärmutter-
entfernung gestellt werden.
Ich muss schlucken.
Empfinde aber dennoch Dankbarkeit dar-
über,
dass mir zum ersten Mal nicht direkt
meine Schmerzen abgesprochen werden.

Ich hatte Pläne,
mein Körper hat sie gecancelt.

Wie ich meine chronische Krankheit
handle,
ist meine Entscheidung
und steht nicht zur Diskussion.

Mit 18 Jahren begann ich mit einer Pille.
Andere in meinem Alter nahmen sie, um
zu verhüten.
Ich nahm sie, um die Abiturprüfungen
schreiben zu können.
Zwei von drei Prüfungen hätte ich sonst
nachholen müssen.
Meine Schmerzen führten, ohne die Pille,
zu Übelkeit, Schwindel, Erbrechen und
teils Ohnmacht.
Dennoch galten die Schmerzen von allen
Seiten her als normal,
und ich als zu empfindlich.

Und manchmal ist alles, was ich brauche
eine Umarmung von dir.
Du hälst mich, wenn ich es selbst nicht
mehr kann.
Hälst alles mit mir aus und bist für mich
da.

Wenn du chronisch erkrankt bist,
kann es dir vieles nehmen:
deine Stärke,
deinen Mut,
deine Zuversicht.
Am Ende bist du jedoch immer noch stark
genug,
um dich wieder aus deinem Loch heraus-
zuholen.
Du verschwindest dafür jedoch ein bis zwei
Tage von der Bildfläche.
Und das ist okay!

Eine chronische Krankheit kann dich als gebildete, ambitionierte und hart arbeitende Person derart schwächen,
dass du nur noch müde, abgeschlagen und ko bist.
Sie nimmt dir die Fähigkeit zu arbeiten, deinen Haushalt und den Garten zu pflegen und sauber zu halten, ein Workout zu machen oder eine Verabredung wahrzunehmen.

Dinge, die untrennbar mit meiner Adeno-
myose verbunden sind:
Schmerzen
Müdigkeit
Krämpfe, die plötzlich aus dem Nichts
kommen
Extremer Blutverlust
Sehr intensive Muskelschmerzen
Beinschmerz
Hüftschmerz
Angst, keine eigenen Kinder bekommen
zu können
Schmerzen beim Sex
Permanenter Druck auf der Blase (ab dem
Eisprung)
Mittelschmerz
Extrem angeschwollener Unterbauch

Mittelschmerz oder positiv betrachtet:
Ich weiß wirklich immer, wann mein Ei-
sprung ist.

27

Mittelschmerz oder positiv betrachtet:
Ich weiß wirklich immer, wann mein Ei-
sprung ist.

Die Pille

Das Allheilmittel für alle deine Probleme.

Wer hat sich diesen Mist eigentlich ausge-
dacht?

Als ob das bei jeder Frau gleich wäre.

Unverständnis bei Frauenärzt*innen,
wenn man, welche Wunder, die Pille nicht
verträgt.

Sie hilft nun einmal nicht bei jeder Frau.

Wir sind schließlich alle individuell.

Meine Adenomyose unterscheidet sich von
deiner.
Jede hat andere Probleme und Symptome.
Jede leidet anders.
Manche haben das Glück, kaum etwas zu
bemerken.
Andere gehen durch die Hölle.

Wer hat eigentlich damit begonnen,
die Körper anderer zu beurteilen
und vor allem zu verurteilen?

Meine Krankheit macht mich nicht weniger „wertvoll“.
Meine Krankheit muss mich nicht definieren.
Manchmal versucht sie es,
aber dagegen kann man an vielen Tagen selbst etwas tun.
Nur an den ganz krassen Tagen,
da kann ich durchaus ziemlich ausgeknockt sein.
Aber auch dann bin ich nicht weniger „wert“.

Ich gehe von meinem Förderraum zurück
zu den Klassen.
Mich begleiten mehrere „Förderkinder",
die noch sichtlich begeistert sind,
dass sie heute endlich das erste Mal ein
Wort gelesen haben,
dass erste Mal den schweren Rechenweg
verstanden haben,
dass sie mich beim Lesespiel um einen
Punkt geschlagen haben,
dass sie heute mitkommen durften,
dass sie einen kurzen Moment Ruhe von
der manchmal so lauten Klasse hatten.
Plötzlich schießt ein stechender Schmerz
durch meinen Unterleib.
Ich verziehe kurz leicht das Gesicht,
bin schon zu geübt darin,
dass man mir meinen Schmerz nicht so-
fort ansieht,
atme einmal besonders tief ein und wieder
aus,
gehe weiter und mache eine Anmerkung
zum Eichhörnchen auf dem Baum,

kann vor Schmerz kaum gehen.
Die Kinder denken, dass ich wegen des
Eichhörnchens langsamer gehe,
freuen sich, merken mir nichts an und be-
richten begeistert von der Stunde
und natürlich vom Eichhörnchen.
Du siehst mir meine Krankheit nicht un-
bedingt an.

Früher war ich mehrfach die Woche bis zu
10 Kilometer laufen.
Mein Tempo war gut.
Heute bin ich froh, wenn ich eine halbe
Stunde am Stück spazieren gehen kann.

Oh, wie sehr ich diese zweite Zyklushälfte
hasse.
Mit jedem Tag schwillt der Unterleib mehr
an.
Jeden Tag sieht man nach mehr aus.
Ein Mehr, welches ich so unfassbar sehr
hasse.
Ich trage eine Woche nach dem Eisprung
Hosen,
die eine Kleidernummer größer sind.
Während der Blutung ist die Hose min-
destes zwei Nummern größer.
Was für ein Unterschied.
Eine Differenz von mindestens 2.
Warum eine Hose?
In einem Kleid sehe ich aus wie eine
Schwangere im zweiten Trimester.

Es gibt Zeiten,
in denen das Schreiben,
die für mich beste Medizin ist.
Ich liebe es,
wenn etwas Neues entsteht.
Etwas Perfektes.
Zugleich noch so roh und unperfekt.
Wie meine Krankheit.
Und das Schönste ist: Ich darf einmal be-
stimmen und muss mich nicht von mei-
ner Krankheit in die Knie zwingen las-
sen.

Meine Periode fühlt sich an wie
Ein Messer im Bauch, das herumgedreht
wird
Wie tausende kleine Nadeln im Bauch
Wie ein einziger Kampf
Wie Ohnmacht
Wie Wut
Wie Angst vor dem nächsten stechenden
Schmerz
Wie Ekel wegen des Erbrochenen
Wie Salz von den Tränen, die ich manch-
mal nicht zurückhalten kann.
Und wie die Hoffnung, da mit jedem Tag
mehr die fast schmerzfreie Phase näher
rückt.

Wenn du im Badezimmer ein extra flauschiges Duschtuch für die Zeit deiner Periode deponierst,
es vorher ausnahmsweise mit Wäscheparfüm wäschst,
damit du während einer Schwindelattacke wenigstens auf einem gut duftenden, weichen Duschtuch liegen kannst.
Jackpot.

Dieser Moment, wenn man in einer neuen
Arztpraxis anruft:
Entweder begegnet dir Unfreundlichkeit
Oder maximale Freundlichkeit.
Dazwischen gab es bei mir leider noch
nichts.
Kann das ausschließlich am überlasteten
System liegen?
Oder, und das glaube ich leider eher,
liegt es an dem Stempel, den man direkt
verpasst bekommt?
Neue Arztpraxis? Warum? Ach, die alte
Praxis gibt es noch.
Nein, dann nehmen wir Sie nicht auf.
Offenbar wird ein Wechsel so interpretiert,
dass man eine schwierige Patientin ist.
Und wer will die schon haben?!
Völlig ungerechtfertigt.
Keine Frau wechselt die Praxis wie ihre
Unterwäsche.

Der erste Besuch bei der neuen Ärztin.

Ich werde nach meinen Erwartungen ge-
fragt.

Ehrlich antworte ich:

Ich möchte einfach nur,

dass Sie mich ernst nehmen.

Wenn ich anrufe und sage,

dass ich Schmerzen habe,

habe ich wirklich Schmerzen.

Ich habe zu dem Zeitpunkt bereits alles
versucht.

Ich möchte nicht mit: „Machen Sie sich ein
Körnerkissen!" abgespeist werden.

Neulich das erste Mal in einer Selbsthilfe-
gruppe für Endometriose.
Zunächst fühlte ich mich etwas überse-
hen.
Sprachen doch alle von ihren schweren
Endo-OPs,
über entferntes Gewebe,
Verwachsungen,
Organverluste oder die Angst ein Organ
an die Krankheit zu verlieren.
Und ich?
Na ja, bei mir wurde reingeschaut,
die Diagnose „Verdacht auf Adenomyose"
gestellt,
und ich wurde wieder zugenäht und aus
dem OP geschoben.
Macht das meine Krankheit weniger
schmerzhaft?
Nein!
Dennoch fühlte ich mich zunächst etwas
deplatziert,
leicht fehl am Platz.
Zum Glück änderte sich das schnell.

Ich bekam den Tipp Tape zu benutzen.
Man sagte mir, dass ich überall dort,
wo ich Schmerzen aufgrund der Adeno-
myose habe,
ein bestimmtes Tapemuster verfolgen soll.
Was soll ich sagen?
Es schockiert mich etwas,
an wie vielen Stellen am Ende Tape zu
finden war.
Dieses Sichtbarmachen verdeutlicht das
Ausmaß.

Adenomyose ist,
ebenso wie die Endometriose,
eine lebenseinschränkende chronische
Schmerzkrankheit.

Manche Tage sind gut,
andere sind furchtbar.
Doch de Marmeladenglasmomente sind
Zeiten,
die in der schlechten Phase den notwendi-
gen Halt geben.

Meine Marmeladenglasmomente:

Zeit mit meinem Partner verbringen ♥
Eine für mich große Runde durch den
Park spazieren gehen
Einen Ausflug zur Bücherei machen (viel-
leicht sogar mit dem Rad) und neuen Le-
sestoff ausleihen
Meine Freunde treffen
Mir selbst etwas Leckeres zu kochen
Mir einen schönen Film anschauen
Eine Runde Sport, der mir guttut
Alles, was ich sonst nicht machen kann

Ich bin keine kranke Person.
Ich bin eine Person, die eine chronische
Schmerzkrankheit managen muss.

Umarme die Tage so wie sie sind,
kuschele dich in eine warme Decke ein,
suche dir ein gutes Buch, einen Film oder
ein Hörbuch,
zünde eine Kerze an,
komm zur Ruhe und trinke etwas War-
mes.
Und vergiss deine Wärmflasche nicht!

An manchen Tagen wünsche ich mir mei-
nen Körper von früher zurück.
Früher, als ich noch nicht krank war.

Ich bin besorgt darüber, dass andere den-
ken könnten, ich würde übertreiben.
Aber tief in mir weiß ich, dass ich es nicht
tue.
Ich habe Angst, verurteilt zu werden.

Wenn jemand frustriert ist,
weil ich etwas nicht tun kann,
bin ich traurig.
Ich wünschte, die Person würde sehen,
wie frustriert und traurig ich bin,
dass ich es nicht machen kann.

Und manchmal übernehme ich mich in
solchen Momenten,
möchte zeigen, dass ich es doch kann,
dass meine Schmerzen mich nicht aus-
bremsen,
dass man auf mich zählen kann,
dass auf mich immer Verlass ist,
dass ich trotz allem alles schaffen kann.
Die Quittung folgt allerspätestens am da-
rauffolgenden Tag.

Ich wünsche mir wirklich sehr,
dass jede Person,
die an chronischen Schmerzen leidet,
gesehen,
verstanden,
(an-)gehört
und geholfen wird.
Wie sehr würde das unser Miteinander
verändern?
Niemand würde Angst haben, verurteilt,
abgestempelt oder ausgegrenzt zu werden,
weil man manchmal etwas weniger aktiv
dabei sein kann.

Meine Schmerzen haben mich schon
Freundschaften gekostet:
Freunde, die nicht verstanden haben,
dass ich die Wahrheit sage,
wenn ich eine Verabredung wegen akuter
Schmerzen absage oder einen Urlaub im
Hinblick auf meinen Zyklus planen
muss.
Sonst hätte ich nichts vom Urlaub.
Und ehrlich gesagt ist ein Urlaub, den
man zu großen Teilen im Hotelbett ver-
bringen muss,
kein Urlaub, keine Erholung und nerven-
aufreibend.
Denn ist die medizinische Versorgung vor
Ort gut?
Schaffe ich es morgen doch mit an den
Strand?
Fühlt die Begleitung sich veräppelt?
Man hat das Gefühl die Spaßbremse zu
sein
Und sein Geld für den Urlaub aus dem
Fenster geschmissen zu haben.

Ich weiß, dass ich eines Tages Mutter werden möchte.
Manchmal habe ich jedoch sehr große Ängste.
Ängste, dass ich niemals ein Kind bekommen kann,
deshalb meinem Partner nicht genug bin,
ich ein Baby verlieren könnte,
ich, wenn endlich ein Baby da ist, mich nicht ausreichend kümmern kann.
Was mache ich denn mit dem Baby, wenn mich nach der Schwangerschaft wieder die Schmerzen überrollen?
Oder soll ich darauf hoffen, dass die Schwangerschaft die Krankheit heilt?!
So habe ich es zumindest schon von Ärzten gehört.
Als ob das stimmen würde?!
Ich bin gefangen in meinen Gedankenstrom aus Angst und Sorge.

Erst hatte ich Angst ein Buch über meine
Krankheit zu veröffentlichen.
Zum Teil habe ich es immer noch,
enthält es doch meine intimsten Gedan-
ken.
Was wäre, wenn es jemand liest und sich
lustig macht?
Findet, dass ich übertreibe?
Ich doch wieder nur als „zu empfindlich"
abgestempelt werde?
Doch was könnte auch alles passieren,
wenn sich jemand anderes
durch meine Worte gesehen
und verstanden
fühlt?
Was für eine schöne Vorstellung das doch
ist!

Neulich sah ich ein Buch in der Buch-
handlung:
„Okaye Tage" von der Autorin Jenny
Mustard.
Der Titel hat mich einfach abgeholt.
Für mich ist es irgendwie wunderschön zu
wissen,
dass endlich einmal nicht alles in Bü-
chern romantisiert wird.
Es gibt immer auch Tage, die nur okay
sind.
Und das ist einfach okay.

Manchmal würde ich gerne einfach nur
ein Pflaster auf meinen Unterleib kleben,
und wünschte alles wäre dann okay.
So wie früher, wenn man als Kind hinge-
fallen ist.
Kurz geweint, Pflaster drauf und wieder
ab auf das Fahrrad.

An Tagen, an welchen ich nur wenig
Kraft habe,
aber dennoch alles gebe,
habe ich trotz allem 100 Prozent gegeben.
Auch wenn es eigentlich nur vielleicht 40
Prozent waren,
sind diese für mich an einem weniger gu-
ten Tag wie 100 Prozent.

Lange habe ich nach dem richtigen Cover
für die Sammlung meiner Gedanken ge-
sucht.

Letztlich wurde es ein sehr positiv gestal-
tetes Cover.

Einerseits ist es all das, was die Krankheit
definitiv nicht ist.

Außer die netten Leute, die man durch die
Krankheit kennenlernen durfte!

Andererseits wollte ich etwas Schönes, et-
was Ästhetisches für meine Worte haben.

Wenn damit jemand nicht fein ist, muss
das leider ausgehalten werden.

Denn wenn ich eins gelernt habe, so ist es,
dass ich in Bezug auf meine Krankheit
nur selbst Entscheidungen treffen werde.

Allen, die sich durch meine geschriebenen
Zeilen gesehen, verstanden, gefühlt und
gehört fühlen, habe ich hoffentlich etwas
Mut und Zuversicht zusprechen können.